Inhalt

Neue Talente sind gefragt - die Finanzkrise hat die Anforderungen an Führungskräfte verändert

Kernthesen

Beitrag

Fallbeispiele

Weiterführende Literatur

Impressum

Neue Talente sind gefragt - die Finanzkrise hat die Anforderungen an Führungskräfte verändert

R.Reuter

Kernthesen

- Noch vor wenigen Jahren galten knallharte Sanierer unter den Managern als die Zierde ihrer Zunft.
- Die Finanzkrise hat dazu geführt, dass von modernen Führungskräften neuerdings andere Qualitäten gefordert werden.
- Gefragt sind das Talent zur Kommunikation und die Fähigkeit, die gesellschaftliche

Akzeptanz des Unternehmens zu erhöhen.
- Neue Ansprüche stellt auch die Unternehmenslenkung selbst: Der beschleunigte technische Wandel stellt Führungskräfte vor sich schnell ändernde Herausforderungen.

Beitrag

Gewandelte Anforderungen

Die Wirtschafts- und Finanzkrise hat die Anforderungen an die Fähigkeiten von Führungskräften verändert. Bisher mussten Führungskräfte in erster Linie Sanierer sein und mit vielversprechenden Zukunftsvisionen aufwarten. Die Finanzkrise hat jedoch deutlich gemacht, dass Durchsetzungsfähigkeit bei unpopulären Zielen und das Talent zur "harten Hand" heute nicht mehr ausreichen. Dieser Paradigmenwechsel geht auf das verheerende Bild zurück, das insbesondere Banken seit der Finanzkrise abgeben: Spätestens seit 2008 befinden sich die Führungseliten daher in einem historischen Ansehenstief. Gefragt sind jetzt diplomatisches Geschick und ein talentierter Umgang mit Public Relations. Einen Vorstandschef mit zum Victoryzeichen erhobenen Fingern, wie es Deutsche-

Bank-Chef Josef Ackermann einst unterlief, will heute niemand mehr sehen. (1)

Kommunikationstalente ersetzen die Sanierer

Zu beobachten ist daher, dass immer mehr Vorstandschefs der Sorte "Sanierer" von Bord gehen müssen und durch Kommunikationstalente ersetzt werden. Zugleich wird heute erwartet, dass Unternehmenschefs mehr können, als nur Visionen zu entwickeln, die dann von den Fachabteilungen umgesetzt werden müssen. Stattdessen muss der CEO neuen Typs das Kerngeschäft des Unternehmens von innen heraus kennen. Immer mehr Unternehmen gehen darum dazu über, den Vorstandschef nicht mehr von außen zu bestellen, sondern ihn im eigenen Hause aufzubauen. Einer Umfrage von 2009 zufolge stehen in 77 Prozent der 30 DAX-Unternehmen Persönlichkeiten an der Spitze, die bereits eine längere Karriere im Unternehmen selbst hinter sich haben. (1)

Marketing-Experten sind besonders gefragt

Ein weiterer Trend betrifft die Unternehmen, die ihren Vorstandschef nicht im Unternehmen selbst rekrutieren. Hier wurde früher gerne auf Kandidaten aus dem Finanzbereich zurückgegriffen. Auch dies hat sich geändert: Heute stehen Experten aus den Bereichen Marketing und Vertrieb besonders hoch in der Gunst der Aufsichtsräte. Dies belegen aktuelle Berufungen wie etwa die des britischen Handelsexperten Andrew Jennings zum Chef von Karstadt. (1)

Quadratur des Kreises

Besonders viel Fingerspitzengefühl wird Führungskräften neuerdings beim Umgang mit den Interessengruppen abverlangt. Kunden, Mitarbeiter und Aktionäre haben oft gegensätzliche Bedürfnisse gegenüber dem Unternehmen, die austariert werden müssen. Diese Aufgabe kommt freilich einer Quadratur des Kreises nah, was dem modernen Unternehmenslenker viel Können abverlangt. Auch bei dieser Aufgabe steht die Fähigkeit zur Kommunikation im Vordergrund, denn Entscheidungen müssen nicht nur durchgesetzt, sondern von den Betroffenen auch verstanden und akzeptiert werden. (1), (2)

Ressourcen vernetzen

Neben kommunikativen Fähigkeiten sind heutige Manager insbesondere darin gefordert, Unternehmensressourcen effizient zu organisieren und zu vernetzen. Gemeint ist hiermit sowohl der Umgang mit Rohstoffen als auch die Organisation der Produktion. Experten sehen in dieser ganzheitlichen Lenkung des Unternehmens die Hauptaufgabe des Führungspersonals der Zukunft. Eine Untersuchung der Fraunhofer-Gesellschaft bei 1 600 Firmen hat gezeigt, dass 70 Prozent der Wachstumschampions besser vernetzt waren als der Durchschnitt. (2)

Den technischen Wandel beherrschen

Moderne Führungskräfte müssen sich darauf einstellen, dass sich technische Entwicklungen in immer kürzeren Zyklen abspielen. Dies zeigt beispielsweise die Automobilindustrie, die sich noch vor kurzem acht Jahre Zeit ließ, bis ein Nachfolgemodell marktreif fertig entwickelt war. Heute sind es nur noch vier Jahre, wobei die Automobilindustrie mit diesem Tempozuwachs nicht alleine steht. Gerade in dieser Hinsicht weisen

Manager jedoch häufig ein fehlendes Empfinden auf, was dazu führt, dass sie von den technischen Innovationen im eigenen Unternehmen überholt werden. Auch die stark wachsende Bedeutung sozialer Netzwerke und Blogs wird von Managern häufig ignoriert oder schlichtweg nicht verstanden. (2)

Akzeptanz managen

2010 ist von dem Wirtschaftsprüfungsunternehmen Ernst & Young erstmals der Bereich "gesellschaftliche Akzeptanz" zu den Topthemen der Unternehmenslenkung gezählt worden. Hiermit reagieren die Experten ebenfalls auf die Folgen der Finanzkrise. Kaum eine Bank kann seit der Krise glaubhaft vermitteln, warum ihre Manager trotz Versagens mit ungeheuren Boni ausgestattet werden. Gesellschaftliche Akzeptanz ist jedoch nicht nur ein Thema für die kritisierte Bankenwelt. Auch mittelständische Unternehmen erkennen immer mehr die Notwendigkeit einer konsistenten PR-Arbeit, die nicht nur das Image poliert, sondern echte Werte transportiert - und damit Akzeptanz schafft. Deutlich wird der hohe Wert von "Corporate Citizenship" auch an den Bestrebungen der Unternehmen, von den Agenturen den begehrten Nachhaltigkeitsstempel zu erhalten. Akzeptanz in der Gesellschaft ist damit ein

Wert, der den früher gefeierten Shareholder-Kapitalismus, bei dem es ausschließlich um die Interessen der Aktionäre ging, abzulösen scheint. (2), (3)

Trends

Manager müssen früher gehen

Führungskräfte werden immer schneller ausgetauscht. Die vertraglich festgelegten fünf Jahre leistet heute kaum noch ein Manager bis zum letzten Tage ab. Der Grund dafür ist, so sagen Experten, dass Führungskräfte zu lange an Bewährtem festhielten und sich so von Entwicklungen, die sie eigentlich steuern sollten, überholen lassen. So ist es noch lange nicht in jedem Kopf angekommen, dass die gesellschaftliche Akzeptanz des Unternehmens für eine erfolgreiche Zukunft heute weit wichtiger ist als noch vor drei Jahren. Zudem macht den Managern die wachsende Komplexität ihrer Aufgaben zu schaffen. Die Konzentration auf Zahlen, wie sie von früheren Führungskräften praktiziert wurde, reicht heute meist nicht mehr aus. (2)

Neue Werte in der Managementausbildung

Bildungseinrichtungen für Manager und Führungskräfte fragen sich derzeit, was sie selbst besser machen können, um der moralischen Verrohung von Managern entgegenzuwirken. Dabei erkennen die Einrichtungen auch ihre eigene Verantwortung dafür, dass die aktuelle Führungskaste augenscheinlich keinerlei Skrupel dabei kennt, sich auf Kosten des Unternehmens oder sogar des Steuerzahlers die Taschen zu füllen. Bei den Bildungseinrichtungen hat darum eine intensive Diskussion über Führungsethik und die gesellschaftliche Verantwortung von Managern eingesetzt. (4), (5)

Fallbeispiele

Lieber Geld verlieren als Vertrauen

Bosch-Chef Franz Fehrenbach ist vom Handelsblatt zum Manager des Jahres 2010 gekürt worden. In der Ehrung wurde besonders hervorgehoben, dass

Fehrenbach seinen Konzern nicht nur erfolgreich führe, sondern überdies immer das Allgemeinwohl im Auge habe. Kein Unternehmer habe die Großbanken so kritisiert wie er - "und dies zu Recht". Besonderen Eindruck machte auch die Unternehmensethik Fehrenbachs, die folgendermaßen lautet: "Lieber Geld verlieren als Vertrauen." (6)

Instrumente statt Personen

Der renommierte Management-Experte Fredmund Malik rät davon ab, Führungsposten zu sehr an Personen festzumachen. Dies würde im Fall des Misserfolgs nur dazu führen, dass der nächste Manager eingestellt werde - der aber ebenfalls kein Übermensch sei und der seinen Job darum möglicherweise kaum besser beherrsche. Stattdessen sei es wichtig, dem Führungspersonal geeignete Lenkungsinstrumente an die Hand zu geben. Die heute hoch komplexe Wirtschaft verlange sicheres Navigieren, wofür das Unternehmen keinen "Star" an seiner Spitze brauche, sondern ein verlässliches Managementsystem. (7)

Führen nach Plan

Das Business Leadership Model von IBM ist ein

Handlungsleitfaden für Manager. Es bündelt die Verhaltensregeln für die Pflege der Beziehungen zu Kunden und Geschäftspartnern, ohne aber ein Pflichtenheft zu sein. Es soll jedoch animieren, das persönliche Verhalten zu reflektieren und sich der eigenen Motive und Antriebe so bewusst wie möglich zu werden. Dabei verknüpft das IBM Business Leadership Model die Ebene der Werte und Prinzipien pragmatisch mit strategischer Planung und operativer Umsetzung. (8)

Change Management nach Art der Piraten

Die Redaktion eines Fachmagazins hat - mehr oder weniger ernst - bei den Piraten des 17. Jahrhunderts Anleihen gemacht, die auch für die moderne Führung taugen könnten. Hervorgehoben wird, dass Piraten es immer glänzend verstanden hätten, riskante und absichernde Tätigkeiten strikt voneinander zu trennen. So habe der Piratenkapitän die Angriffe geführt, während die absichernde Mannschaft vom Quartiermeister geleitet wurde. Als vorbildlich sei überdies das Prinzip gegenseitiger Kontrolle auf den Schiffen zu bewerten. (9)

Weiterführende Literatur

(1) Alleskönner für die Chefetage Reine Sanierer und Visionäre sind als Unternehmenslenker nicht mehr gefragt. Aufsichtsräte wollen Vorstandschefs mit Führungsstärke, die zugleich Diplomaten und PR-Genies sind
aus Financial Times Deutschland vom 30.12.2010, Seite 24

(2) Unternehmensführung der Zukunft Wenn der Manager zum Magier wird
aus HANDELSBLATT online 31.12.2010 08:40:18

(3) Triebkraft für den nachhaltigen Erfolg
aus Stuttgarter Zeitung, 30.10.2010, S. 51

(4) "Erfahrung kann auch behindern"
aus "Der Standard" vom 16.10.2010 Seite: 25

(5) Neue Lernkonzepte sind gefragt
aus "Der Standard" vom 13.11.2010 Seite: 22

(6) Rendite mit Prinzipien
aus Handelsblatt Nr. 249 vom 23.12.2010 Seite 14

(7) Um den Erfolg eines Unternehmens zu sichern, braucht es neue Lenkungssysteme - und nicht neue Übermenschen an der Spitze.
aus Bilanz Nr. 17 vom 24.09.2010 Seite 71

(8) Die Transformers

aus Bilanz Nr. 17 vom 24.09.2010 Seite 71

(9) Was Change Manager von Piraten lernen können
aus OrganisationsEntwicklung Nr. 01 vom 21.01.2011
Seite 093

Impressum

Neue Talente sind gefragt - die Finanzkrise hat die Anforderungen an Führungskräfte verändert

Bibliografische Information der deutschen Nationalbibliothek

Die Deutsche Nationalbibliothek verzeichnet diese Publikation in der deutschen Nationalbibliografie; detaillierte bibliografische Daten sind im Internet über http://dnb.d-nb.de abrufbar.

ISBN: 978-3-7379-0241-0

© 2015 GBI-Genios Deutsche Wirtschaftsdatenbank GmbH, Freischützstraße 96, 81927 München, www.genios.de

Alle Rechte vorbehalten. Dieses Werk ist einschließlich aller seiner Teile – z.B. Texte, Tabellen und Grafiken - urheberrechtlich geschützt. Jede Verwertung außerhalb der Grenzen des Urheberrechtsgesetzes bedarf der vorherigen Zustimmung des Verlags. Dies gilt insbesondere auch für auszugsweise Nachdrucke, fotomechanische Vervielfältigungen (Fotokopie/Mikroskopie), Übersetzungen, Auswertungen durch Datenbanken oder ähnliche Einrichtungen und die Einspeicherung und Verarbeitung in elektronischen Systemen.